*Caterina Madda*

# *L'ANIMA PARLANTE*

*raccolta poetica*

EDIZIONI WE

ISBN 979-12-5497-110-9


Via Paulli 10/A – 26015 – Soresina (CR)

www.clickpertutti.com
www.edizioniwe.com
www.facebook.com/edizioniwe
www.instagram.com/edizioniwe
info@edizioniwe.com

## PRESENTAZIONE

***di Simona Adivíncula***

Cari Lettori,
con grande piacere vi presento ***L'anima parlante:*** la nuova raccolta poetica di ***Caterina Madda,*** poetessa moderna, creativa, passionale, con l'anima in tempesta, semplice e diretta.

Leggendo le sue poesie vi accorgerete dell'importanza dell'amore che sente dentro; percepirete, inoltre, la sua forza interiore e la sua determinazione per ciò che desidera.

È una persona davvero speciale, molto apprezzata da amici e parenti perchè ama condividere momenti e emozioni. È forte l'amore di Caterina per la musica; chissà se alcune di queste poesie si trasformeranno in canzoni e melodie? Vedremo!

Dalla sua biografia capirete quanto il calore della sua terra, del mare, del sole, dell'arte, del cammino di fede e della sua cultura influenzino la sua vita quotidiana e i suoi versi.

*Buona lettura a tutti*!

# L'ANIMA PARLANTE

*Dedico questo libro a mio padre, Donato Martucci,*
*che mi ha cresciuta;*
*a mia madre Lina Russo;*
*a mio fratello Salvatore Madda;*
*a mia cognata Laura Costa;*
*ai miei nipoti Chris e Nicole.*
*Lo dedico, inoltre, a Giuseppe Madda*
*che mi protegge da lassù,*
*e, per finire,*
*a Roberto D'Angelo che è il mio migliore amico.*

## *L'ANIMA PARLANTE*

*C'è chi nasce e tace,*
*c'è chi porta la pace.*
*La parola è importante*
*per chi, come me,*
*ha un'anima parlante.*
*Narrare i sentimenti,*
*anche quelli più irruenti;*
*percepire il silenzio*
*anche questo è un talento.*
*Ascoltare realmente,*
*Non solo con la mente,*
*anche col cuore.*
*Questo è il segreto*
*per arrivare alle anime delle persone.*

## *LA MUSICA*

*Lente e soavi*
*suonano queste note amare.*
*Sfioro il profilo*
*con un candido e dolce respiro.*
*Mi immergo nel cielo stellato*
*fino a perdere il fiato.*
*Dolci rintocchi,*
*mi fan chiudere gli occhi.*
*Tasti bianchi e neri*
*danzano e creano nell'aria*
*emozioni reali*

## *EMOZIONI*

*Calor nel cuor,*
*morir d'amor…*
*Dolce e soave*
*il suono del mare.*

*Tuoni infernali*
*con squarci nel cielo.*

*Voli incantati*
*con battiti alati,*
*mani intrecciate*
*con frecce avvelenate.*

*Cuori pulsanti,*
*ma sanguinanti.*

*Dolore incessante,*
*Anima vagante.*

## *VIVERE*

*Fulmini e saette*
*scolpite nell'anima.*
*Rincorrere un posto sicuro*
*aprendo le porte del futuro.*
*Cadere, perdere, rincorrere,*
*rialzarsi e incamminarsi*
*verso mete sconosciute*
*anche se si è cresciute.*

## ***PAROLE***

*Parole innocenti*
*pronunciate al vento.*

*Perdere fiato con persone*
*è tempo sprecato…*

*Teste pensanti e bocche parlanti.*

## ***ALFA***

*Due fiere che si sfiorano la mente,*
*un leone e una tigre*
*che hanno un volto sorridente.*

*Una fenice che risorge*
*non schiva più la sua sorte.*

*Si sbranano e si consolano.*

*Foresta innevata,*
*ma incantata*
*inizio di una nuova puntata.*

*Artigli che graffiano e denti appuntiti.*
*Due destini che erano già uniti.*

## LA RESA

*Alberga nel cuor*
*tanto dolor.*

*Morte soave,*
*restia e amara*
*che a nulla porta,*
*tormenta, schiaffeggia,*
*beffarda e codarda;*
*che l'anima mia inganna.*

*Spine e catene,*
*lasciano pene.*

*La resa è annunciata,*
*anche se è frastornata.*

## *ANIMO LIBERO*

*Donna selvaggia,*
*mente che viaggia,*
*libera e sfrenata,*
*che non si stanca*

*Cammina leggera,*
*sorride ogni tanto,*
*quando risuona*
*il suo canto.*

*Sincera.*
*Oh! Questa è davvero*
*Un'anima vera!!!*

## ***PENSIERI***

*Si innalza il vento,*
*riaffiora un sentimento.*

*Acque profonde alla ricerca di verità,*
*senza nessuna pietà.*

*Mare cristallino nel cuor vicino,*
*che sfiora la cicatrice*
*in questi occhi da sognatrice.*

## *CHI SONO?*

*Mare in tempesta che si placa*
*solo in festa.*

*Tigre che attacca,*
*non batte mai la fiacca.*

*Fuoco imminente,*
*caldo e ardente,*
*inverno glaciale per chi fa*
*come gli pare.*

*Notti imperfette calanti e alzanti,*
*notte oscura senza paura.*

## *L'ESSERE*

*L'essenza è una bella partenza:*
*ornamenti nel cuore che*
*bisbigliano amore.*

*Fresche risate con l'arrivo dell'Estate.*
*Fiorire, svanire, sfiorare*
*e ammirare... questo è da apprezzare.*

**DOLORE**

*Schegge taglienti,*
*stringo forte i denti.*

*Occhi bagnati,*
*frastuoni pesanti.*

*Frecce puntate,*
*ali spezzate.*

*Frammenti sparsi,*
*fiducia cessata,*
*la notte è arrivata.*

*Cala il sipario*
*su questo scenario.*

## ***ALTALENA***

*Venti improvvisi,*
*con pochi sorrisi ormai spenti,*

*con occhi vigili e attenti.*
*mani sfiorate e ali piegate.*

*Star bene e star male?*
*L’angoscia mi sale.*

## ***RABBIA***

*Nella savana c'è chi*
*ruggisce e chi ama.*

*Una difesa, una gran discesa,*
*un modo per aiutarsi, ma anche lesionarsi,*
*un confine sottile tra protezione e amore.*
*Scalfire una pietra è sempre un'impresa.*

*Ruggito e fusa.*
*È il cuore di chi è stata delusa.*

## ***QUALCOSA DI TE***

*Ardi più del fuoco,*
*amor mio, questo è il gioco.*

*Aria di mare, ma non sono a Cirò Marina.*
*Funeste nubi, gira la testa.*

*Scruto il tuo viso con un candido sorriso.*
*Il calmo mare anche la tempesta fa placare.*

## ***PASSIONE***

*Sguardi profondi*
*intrecciano due mondi.*

*Mani gioconde che*
*accarezzano*
*le ferite profonde.*

*L'attimo è ardente,*
*il tempo si ferma,*
*il mio essere si scuote e trema.*

## *OCCHI*

*Sognanti,*
*impauriti,*
*smarriti,*
*stanchi, ma fuori spigliati.*

*Grintosi, ma dentro rabbiosi,*

*Spenti che si consumano lenti.*

## *NATURA*

*Rugiada su verde*
*che allieta il paesaggio.*

*Sbocciano i fiori di Maggio.*
*Rose profumate,*
*molto colorate.*

*Cespuglio di spine,*
*amor che ha fine.*

*Tramonto rosso ad ovest*
*come un film nel Far West.*

*Foglie essiccate,*
*non ho più rime baciate.*

## *VITA*

*La luna riflette,*
*si poggia sul mare,*
*con tanta voglia di fare.*

*Passi lenti, calano i venti,*
*sentiero roccioso e spinoso.*

*Arpa e stelle*
*entrano nella mia pelle.*

## *PROFONDITÀ*

*Sarà che oggi non so più se*
*c'è un altro volto per me.*

*Sarà che il tempo ha maturato*
*un sole dentro me.*

*Voglia di arrivare, sentire.*
*Quanto mi fa male?*

*Una voglia innaturale*
*che sale piano piano.*

*Sentirti dentro,*
*gela questo sentimento.*

*Voglia innaturale di baciarti*
*e sfiorarti con le mani.*

*Un brivido mi assale,*
*mi arrendo al tuo sapore.*

## *SOGNI*

*Aspettando il battito*
*con la frenesia del nostro attimo,*

*Bevendo prosecco*
*col cuore in petto,*
*cala il silenzio.*

*Gli occhi sorridono,*
*l'anima si riempe*
*e diventa il "per sempre".*

## *L'AMORE*

*Fuoco ardente e pelle caliente,*
*poggia sul cuor un dolce respiro.*

*La freccia colpisce e la tua anima sfinisce.*
*Pervade i tuoi sensi e non ci pensi,*

*Profondi occhi che guardano dentro,*
*tutto ciò prende un senso.*

*Con mani sudate e immagini a rilento,*
*voli leggeri e sentimenti veri*
*che intonano l'amore con dolce candore.*

## *ORIZZONTI*

*Mi par di vedere alte vette.*

*Il sole si presta,*
*pervade la testa,*
*bagliore nel cielo sereno,*

*Cammino con passo fiero,*
*arcobaleni in volo con voce in tono.*

*Il miele dolciastro si posa sulla mia gote,*
*gli usignoli cantano queste note.*

## *LEGGEREZZA*

*Corro sui grandi prati fioriti*
*e sole splendente.*

*Con zigomi alti ed espressione*
*sorridente.*

*Volteggio nel cielo ceruleo*
*con ampie ali dorate*

*Intravedo delle cascate,*
*sorseggio acqua pulita.*

*La mia anima è in salita.*
*arpeggio un La Maggiore,*

*Il mio cuore*
*si riempie di eterno calore.*

## *CRUDELTÀ*

*Uomo dai mille volti*
*con l'anima sporca,*
*senza pietà, hai ucciso*
*quella donna.*

*Il suo volto impaurito*
*con in grembo tuo figlio.*

*L'essere umano senza cuore*
*non è degno di ricevere amore.*

*Il fuoco ti aspetta,*
*anima MALEDETTA!*

## ***SOCIETÀ***

*Le maschere sono ovunque,*
*senza un reale dunque.*

*C'è chi accenna un sorriso*
*con il cuore deriso,*
*chi lotta in silenzio,*
*chi vive a stento;*
*chi sfida la sorte,*
*chi inganna la morte,*
*chi ama forte,*
*ma non ha più forze,*
*chi piange miseria,*
*ma vive in crociera.*

## ***PAN DI ZENZERO***

*Chiaro di luna.*

*Note melodiche*
*scavano dentro e si prestano*
*in questa notte stellata.*

*Tratti di strada e aria di mare,*
*luci fiacche, alberi folti*
*che costeggiano e ombreggiano,*
*tra il rumore della vita*
*che scorre veloce*
*in maniera allegra e dolce.*

## ***ESTATE***

*Distesa sulla riva,*
*scruto il silenzio del mare*
*che il mio animo fa rallegrare.*

*Salsedine poggiata sul mio corpo,*
*smuove un dolce ricordo.*

*Granelli di sabbia*
*fra le dita,*
*curiosando nella mia vita.*

*Bambini giocosi e*
*ombrelloni sfarzosi*

*La vita mi piace*
*fra le note della fresca estate.*

## *INVERNO*

*Alberi spogli,*
*sentiero innevato*

*Aria fresca che scuote la testa.*
*Sorgente limpida,*
*memoria nitida.*

*Cielo coperto e nuvole basse,*
*Ricoprono l'anima mia*
*Riaffiorando la mia malinconia.*

## ***RIALZARSI***

*Cadere nel baratro*
*col cuore spezzato.*

*Guardarsi allo specchio,*
*vedersi un po' vecchio.*

*Ascoltare l'anima propria*
*fiorire ogni volta.*

*Darsi da fare,*
*questo è ciò che è giusto fare.*

*Affacciarsi al proprio cammino,*
*segnare il proprio destino.*

## *MOTIVAZIONE*

*Perseguire una strada*
*porta a ciò che si ama.*

*Generare emozioni*
*è ciò che mi porta alle azioni.*

*Parlare alle anime spaesate,*
*far sì che queste si sentano amate.*

*Dare coraggio*
*racchiudendo il tutto in un abbraccio.*

*Parlare d'amore*
*scacciando ogni forma di dolore.*

## *L'ARTISTA*

*Creazione,*
*senza finzione*

*Dono divino,*
*sorseggio un calice di vino.*

*Raccontare la verità*
*in questa superficiale società.*

*Dare emozione,*
*portare nel mondo un intuizione.*

*Sentire forte,*
*anche quando si chiudono porte.*

*Improvvisarsi artista non si può fare*
*perché in quel caso non si ha molto da dare.*

## ***PALCOSCENICO***

*Il pubblico acclama,*
*l'artista ama.*

*Scenario accogliente,*
*mi mostro sorridente.*

*Parlo con il cuore.*

*Non si sente*
*nemmeno un rumore.*

*Applausi e fischi*
*fra le parole di noi artisti.*

*Questa è l' arte*
*non ci facciamo mai da parte.*

*Piacere o meno*
*almeno si parla del vero.*

## *PIUMA NEL VENTO*

*La libertà*
*è una finta realtà.*

*Si presenta leggera*
*come una piuma nera,*
*cavalli che corrono*
*senza un ritorno.*
*gabbiani che volano*
*in cerca di libertà.*

*Questa è la cruda verità.*

## *FAMIGLIA*

*Stemma o radici*
*sono nostri amici.*

*Valore assoluto,*
*preferisco restar muto.*

*Amore infinito.*
*Nelle vene scorre*
*chi rimane unito.*

*Calore permanente,*
*protezione imminente,*

*Famiglia unita*
*è il valore di questa vita.*

## *MIGLIORE AMICO*

*Sostegno reale,*
*l'amicizia è fondamentale,*

*Amore sincero,*
*ascoltando sempre il vero.*

*Protezione velata,*
*mi sento tanto amata.*

*Credere in me,*
*un grazie sincero va a te.*

*Cuori legati anche se distanti,*
*occhi pieni di dolcezza*
*scuotono il cuor mio quando*
*sento tanta amarezza.*

*Affiancarsi a te*
*fa bene a me.*

*Il bene è reciproco.*

*Questo è il mio migliore amico.*

## *POESIA*

*La poesia è una dolce melodia,*
*metrica o no, il valore è quello che le do.*

*Parafrasi o meno*
*si parla di un sentimento sincero.*

*A voi*
*l'interpretazione.*
*Non sono tenuta a dare spiegazione.*

***IL MARE***

*Acqua cristallina e serena.*
*Riflette nel mare*
*la luna piena.*

*Pietricciole ovunque di colori diversi,*
*i miei occhi si sono persi.*
*Salsedine nell'aria.*

*Mi concedo questa smania,*
*dolci parole.*

*Risuona il canto di questo amore;*
*fra le bellezze di questo mare*
*mi concedo il privilegio di sognare.*

## *ASPETTARE*

*Quando la voglia ti assale*
*non la puoi frenare.*
*Combattere per ciò in cui si crede,*
*questo è aver fede.*
*Ascoltare il cuore*
*non sarà mai un errore,*
*Privarsi d'amore questo sarebbe*
*un eterno dolore.*
*Godersi l'attimo,*
*il cuore in un battito.*

*Aspettare non è mai inutile,*
*se credi fermamente che*
*ciò non sarà futile.*

## *FUOCO*

*Rosso e scoppiettante,*
*fornisce calore a questa anima vibrante.*
*Energia positiva*
*su questa riva.*
*Intorno noi stiamo*
*e festa facciamo.*
*Ballare e cantare*
*fra il fuoco e le stelle,*
*si posa la salsedine sulla mia pelle.*

## *VORREI*

*Disegnare il tuo profilo,*
*immergendomi nel tuo respiro.*
*Voler capire chi tu sia,*
*questa è la mia follia.*
*Magari sei nulla,*
*magari sei tutto*

*Se questo destino sia voluto.*

*Nel mentre mi proteggo*
*e questa poesia ti leggo,*

*Non so cosa sia*
*questa mia frenesia.*

*Una cosa la voglio capire:*
*se il mio cuore si può scalfire*
*e, anche, riaprire.*

## *NOTTE*

*Il sole è calato,*
*il buio è arrivato.*

*Tutto si ferma,*
*incomincia la tregua.*
*Lampioni accesi*

*Respiri sospesi.*
*Mani che scrivono.*
*Ricordi che riscrivo.*

*Fogli strappati,*
*fra pensieri disordinati.*

*Quiete intorno,*
*l'anima mi adorno,*
*Penne che fluiscono,*
*nella notte annuiscono.*

## ***IL CAFFÈ***

*Amico del buongiorno*
*sorseggio te ogni giorno.*

*Amaro e bollente,*
*finché il mio cervello non si accende.*

*Cremoso e profumato,*
*il mio gusto è ripagato,*

*Stimolante e appagante,*
*fa fluire questa mano parlante.*

## *FESTA*

*La testa va in festa*
*butta via la tempesta.*
*Abiti sfarzosi,*
*Gioielli graziosi.*

*Musica rock*
*Oh!!! Quanto shock!!!*

*Bollicine nel vento,*
*nel cuor mio sento.*
*Giocosità e armonia*
*sulle note di questa melodia.*

## *LA PACE*

*Confido in te.*
*La pace tornerà,*
*la natura fiorirà.*

*Abbracci caldi,*
*volti non più stanchi.*

*Armi inesistenti*
*placheranno questi tempi.*

*La salvezza è la fede,*
*tutto ciò che non si vede.*

*Preghiere sincere*
*questo è il mio grande volere.*

## *PANDEMIA*

*Il covid è arrivato*
*e tanta gente ha ammalato.*

*Confusione nella testa,*
*qui arriva la tempesta.*

*Quarantena e spazi chiusi,*
*mesi a rimaner rinchiusi.*

*Il vaccino è arrivato*
*e la speranza ha portato.*

## *GUERRA*

*Tra Russia e Ucraina*
*gli spari vengono*
*uditi da una bambina.*

*Scoppia la guerra,*
*molta gente a terra.*

*Bombardamenti incessanti,*
*parton e arrivan migranti.*

*Una tregua ancora non c'è,*
*perché una delle due nazioni*
*vuole essere il rè*

## *IL MONDO*

*Corriamo intorno al mondo*
*costruendo un girotondo.*
*Mano nella mano,*
*percepiamo,*
*questo universo strano.*
*La galassia è infinita,*
*non possiamo sfiorarla con le dita.*
*I pianeti sono tanti,*
*ancora inesplorati.*
*Meraviglia e stupore*
*si muove intorno al sole.*
*La terra gira,*
*noi l' abitiamo.*
*e facciamo ciò che siamo.*

## *INFELICITÀ*

*Puoi essere potente,*
*ma questo non fa niente,*
*Puoi essere riconosciuto,*
*ma alla fine,*
*sei un povero sconosciuto.*
*Puoi essere temuto,*
*ma non essere voluto.*
*Puoi essere applaudito,*
*ma dentro un povero esaurito.*

## *IL POETA*

*Un poeta chi è?*
*Una risposta reale non c'è.*
*Un pazzo che ama la verità*
*parlando di questa società.*
*Un sognatore parlante,*
*che imprime su carta*
*la propria arte.*
*Un osservatore*
*che esprime il proprio dolore.*
*Un ascoltatore profondo*
*che incide un racconto.*

**RINGRAZIAMENTI**

Alla collega scrittrice e poetessa
Simona Adivíncula.

All'Editore Nicola Bergamaschi
che ha deciso di pubblicare quest'opera.

## L’AUTRICE

**CATERINA MADDA, poetessa,** è nata a Chiavari, in provincia di Genova, il 9 settembre 1991 e ha origini calabresi.

Studia *Patrimonio e turismo culturale* presso l’Università degli Studi di Foggia.

È da sempre appassionata alla poetica e a tutto ciò che è arte.

Ama la profondità della vita e ama esprimerla in maniera sincera.

Con questo libro spera di emozionare l'anima del lettore, portando quest'ultimo ad una riflessione sui propri sentimenti.

L'autrice afferma che "guardarci dentro è la più alta forma d'amore verso noi stessi".

# L'AUTRICE DELLA PRESENTAZIONE

**SIMONA ADIVÍNCULA, scrittrice,** nasce a Salvador de Bahia in Brasile, naturalizzata italiana, vive a Milano con il marito e la figlia.

Scrittrice, romanziera, poetessa, giornalista freelance.

Molto conosciuta ed apprezzata, scrive da 25 anni e ha ben 17 libri pubblicati in diverse lingue.

È membro del Rotary eClub of Latinoamerica.

È membro dell'Accademia de Cultura di Bahia.

È fondatrice del gruppo "Scrittori Brasiliani in Italia".

www.ingramcontent.com/pod-product-compliance
Lightning Source LLC
LaVergne TN
LVHW010503160826
845677LV00012B/2625